JUNGE KÜCHE

Sushi

Compact Verlag

Abkürzungen

EL	Esslöffel	TK	Tiefkühl...
TL	Teelöffel	kcal	Kilokalorien
kg	Kilogramm	kJ	Kilojoule
g	Gramm	EW	Eiweiß
mg	Milligramm	F	Fett
l	Liter	KH	Kohlenhydrate
ml	Milliliter	Bd.	Bund
cl	Zentiliter	Msp.	Messerspitze
gestr.	gestrichen	1 kJ = 0,239 kcal	
geh.	gehäuft	1 kcal = 4,184 kJ	

Impressum

© 2008 Compact Verlag München

Alle Rechte vorbehalten. Nachdruck, auch auszugsweise,
nur mit ausdrücklicher Genehmigung des Verlages gestattet.
Alle Angaben wurden sorgfältig recherchiert, eine Garantie
kann jedoch nicht übernommen werden.

Chefredaktion: Dr. Angela Sendlinger
Redaktion: Anna Fleck
Produktion: Wolfram Friedrich
Umschlaggestaltung und Layout: Regina Rechter

ISBN 978-3-8174-6456-2
5364561

Besuchen Sie uns im Internet: www.compactverlag.de

Inhalt

Extra

Sushi

JUNGE KÜCHE

Hosomaki mit Lachs, Gurke und Thunfisch [Abb. Cover]

FÜR 36 STÜCK:

100 g Salatgurke
1/2 Avocado
Saft von 1/2 Zitrone
100 g frisches
Thunfischfilet
100 g frisches Lachsfilet
3 geröstete Noriblätter
Essigwasser
250 g vorbereiteter
Sushi-Reis (S. 6)
3 TL Wasabipaste

> Gurke schälen, waschen, halbieren, mit einem Löffel die Kerne entfernen und das Fruchtfleisch in Streifen schneiden. Avocado schälen, vom Kern befreien, in dünne Schnitze schneiden und mit Zitronensaft beträufeln. Fischfilets waschen, trocken tupfen und quer zur Faser in 2 cm x 10 cm lange Streifen schneiden.

> Jeweils 1 Noriblatt quer halbieren und mit der glatten Seite nach unten auf die Bambusrollmatte legen. Hände in Essigwasser tauchen. Reis ca. 1/2 cm hoch auf dem Noriblatt verteilen und glatt streichen, dabei an den Längseiten jeweils einen 2 cm breiten Rand frei lassen.

> Mit dem Finger in der Reismitte der Länge nach etwas Wasabipaste verstreichen und die Hälfte der Gurken- und Avocadostücke darauf arrangieren. Noriblatt mithilfe der Bambusmatte zu einer festen Rolle aufrollen und diese mit einem in Essigwasser getauchten, scharfen Messer in 6 gleich große Stücke schneiden.

> Die restlichen Noriblätter auf die gleiche Weise halbieren, belegen, aufrollen und in Stücke schneiden. Dabei je 2 Rollen mit Lachsfilet, mit Thunfischfilet und 1 Rolle mit den restlichen Avocado- und Gurkenstücken herstellen.

> Nährwerte pro Stück:
59 kcal, 247 kJ, 4 g EW,
1 g F, 8 g KH

Besonders schön sehen Sushi aus, wenn man sie auf einem quadratischen oder rechteckigen Teller oder auf einem Holzbrettchen anrichtet. Zur Dekoration etwas eingelegten Ingwer und Wasabipaste in eine Ecke setzen. Dazu Sojasoße in kleinen Schälchen reichen. Zum Dippen eignet sich auch süßscharfe Chilisoße.

Die Maki-Rollen am besten zum Schluss hintereinander in dicke Scheiben schneiden. Dadurch werden die Stücke gleichmäßiger und die Sushi können anschließend zusammen angerichtet werden.

Sushi

JUNGE KÜCHE

Maki

JUNGE KÜCHE

In wenigen Schritten zum Sushi-Meister

Ein gemütlicher Abend mit der Familie oder Freunden bei einem guten Essen ist immer wieder etwas Besonderes. Wer seine Lieben überraschen möchte, bietet mit selbst gemachten Sushi eine echte Sensation.

Seitdem sich Sushi von einem Trendessen zum kulinarischen Dauerbrenner entwickelt haben, sind die Zutaten in den meisten gut sortierten Supermärkten erhältlich. Und jeder, der die kleinen Häppchen schon mal selbst zubereitet hat, weiß, wie einfach es ist. Denn es sind nur wenige Zutaten und Handgriffe nötig, um eigene Kreationen auf den Tisch zu zaubern.

Grundrezept Sushi-Reis

Der klebrige Sushi-Reis bildet die Grundlage aller Sushi-Variationen und lässt sich auch in größeren Mengen gut vorbereiten:

> 300 g Sushi-Reis in einem Sieb unter fließendem kaltem Wasser gründlich waschen, bis das Wasser ganz klar ist. Den Reis gut abtropfen lassen.

> Reis mit 450 ml Wasser und 1 Stück Kombu (Seetang 6 cm x 6 cm) in einem Topf bei starker Hitze aufkochen und 2 Minuten kochen lassen. Dann bei kleinster Hitze zugedeckt ca. 10 Minuten quellen lassen. Währenddessen den Deckel nicht abnehmen!

> Anschließend den Topf vom Herd nehmen, Küchenpapier oder ein Küchenhandtuch zwischen Topf und Deckel legen und den Reis ca. 10 Minuten ausdampfen lassen.

> 3 EL Reisessig in einem Topf mit 1 TL Zucker und 1 TL Salz vermischen und unter Rühren kurz erwärmen, bis sich Zucker und Salz vollständig aufgelöst haben. Dann den Essigsud abkühlen lassen.

> Den heißen Reis in eine breite Schüssel füllen und den Seetang entfernen. Den Reis mit einem Holzspatel umwenden und mit der Essigmischung beträufeln.

> Mit dem Holzspatel Furchen in den Reis ziehen und mit dem Spatel Luft zufächern, damit der Reis schnell auf Raumtemperatur abkühlt und einen schönen Glanz bekommt. Den Reis jedoch auf keinen Fall zum Abkühlen in den Kühlschrank stellen oder zu oft umrühren, da er sonst zu trocken wird.

> Nach dem Abkühlen den Reis mit einem feuchten Küchentuch abdecken, damit er nicht austrocknet.

Maki-Sushi rollen

Ist der Reis abgekühlt, kann das Rollen der Maki-Sushi beginnen. Dafür das Noriblatt mit der glatten Seite nach unten auf eine Bambusmatte legen. Nun die Hände mit Essigwasser anfeuchten und das Blatt ca. 1 cm hoch mit dem Reis bedecken. Dabei an den Längsseiten jeweils einen 2 cm breiten Rand frei lassen.

Bei der Zubereitung von Sushi sollte immer ein Schälchen mit Wasser und einem Schuss Essig zum Befeuchten der Hände bereitstehen, da der Sushi-Reis sehr klebrig ist. Auch beim Schneiden der Maki-Rollen ist es ratsam, das Messer zuvor in Essigwasser zu tauchen.

> Etwas Wasabipaste auf den Reis streichen. Aber Vorsicht! Die Paste ist sehr scharf. Im unteren Drittel oder in der Mitte der

Reisfläche werden nun je nach Belieben und Größe 1–2 Fisch- und Gemüsestreifen gelegt.

Beim Fisch ist unbedingt auf absolute Frische zu achten – zu erkennen etwa an festem Fleisch und neutralem Geruch. Kaufen Sie ihn am besten erst am Tag des Verzehrs. Damit er sich besonders gut schneiden lässt, einfach das Filet in einen Gefrierbeutel geben und ca. 30 Minuten in den Gefrierschrank legen.

> Nun die Bambusmatte am unteren Rand etwas anheben und mit ihrer Hilfe das Noriblatt und den Reis vorsichtig aufrollen. Dabei darauf achten, dass die Füllung auf dem Noriblatt bleibt und die Rolle fest wird.

> Die Rolle mit einem scharfen, in Essigwasser getauchten Mes-

ser halbieren und die Hälften anschließend in 3–4 gleich große Häppchen teilen. Jetzt die Maki mit der Schnittfläche nach oben auf kleinen Holzbrettchen oder rechteckigen Porzellantellern schön anrichten.

Sushi werden mit einem Schälchen Sojasoße zum Dippen und etwas eingelegtem Ingwer (Gari) und Wasabipaste serviert. Traditionell werden sie mit Stäbchen verzehrt, können aber auch mit den Fingern gegessen werden. Sushi schiebt man stets auf einen Biss in den Mund. Einzige Ausnahme: Temaki-Tütchen dürfen bissweise gegessen werden. Wird dann noch grüner Tee oder Reiswein gereicht, verwandeln sich die eigenen vier Wände schnell in eine trendige Sushi-Bar und der Hobbykoch wird zum Sushi-Meister!

Futomaki mit Gemüse [vegetarisch]

FÜR CA. 16 STÜCK:

1 Möhre
1/4 Salatgurke
2 geröstete Noriblätter
Essigwasser
150 g vorbereiteter
Sushi-Reis (S. 6)
1 TL Wasabipaste

> Möhre schälen und waschen. Gurke waschen, längs vierteln und mit einem Löffel von den Kernen befreien. Möhre und Gurke in feine Streifen schneiden.

> 1 Noriblatt mit der glatten Seite nach unten auf eine Bambusmatte legen. Hände mit Essigwasser anfeuchten. Den Reis ca. 1 cm hoch auf dem Blatt verteilen und glatt streichen, dabei an den Längsseiten jeweils einen 2 cm breiten Rand frei lassen.

> Im unteren Drittel der Länge nach etwas Wasabipaste verstrei-chen und einige Möhren- und Gurkenstreifen darauf arrangieren.

> Noriblatt mithilfe der Bambusmatte zu einer festen Rolle aufrollen und diese mit einem in Essigwasser getauchten, scharfen Messer in 8 gleich große Stücke schneiden.

> Auf diese Weise eine weitere Rolle zubereiten und in 8 Stücke schneiden.

> Nährwerte pro Stück:
61 kcal, 256 kJ, 2 g EW,
0 g F, 14 g KH

Futomaki mit Shiitake-Pilzen und Tofu:

8 getrocknete Shiitake-Pilze mit 300 ml kochendem Wasser übergießen und ca. 30 Minuten einweichen, herausnehmen und abspülen. Das Einweichwasser durch ein Sieb in einen Topf gießen, zum Kochen bringen. Pilze, 5 EL Sojasoße und 1 EL Zucker zugeben und ca. 15 Minuten köcheln lassen. Pilze in einem Sieb abtropfen lassen und in feine Streifen schneiden. 150 g geräucherten Tofu ebenfalls in feine Streifen schneiden. 1/2 Salatgurke waschen, längs halbieren, Kerne entfernen und die Gurke in feine Streifen schneiden. Nun mit den genannten Zutaten, 2 gerösteten Noriblättern, 150 g vorbereitetem Sushi-Reis und 1 TL Wasabipaste wie oben im Rezept beschrieben Futomaki herstellen.

Futomaki mit Zucchini und Rucola:

1/2 kleine Zucchini waschen, trocken tupfen, halbieren, von Kernen befreien und längs in feine Stifte schneiden. 1/4 Bd. Rucola waschen und trocken schleudern, die harten Stiele entfernen. Nun mit den genannten Zutaten, 2 gerösteten Noriblättern, 150 g vorbereitetem Sushi-Reis und 1 TL Wasabipaste wie oben im Rezept beschrieben Futomaki herstellen.

Futomaki mit geräuchertem Forellenfilet [aromatisch]

FÜR 16 STÜCK:

¼ Salatgurke
200 g geräuchertes Forellenfilet
1 Bd. Schnittlauch
2 geröstete Noriblätter
Essigwasser
150 g vorbereiteter Sushi-Reis (S. 6)
2 TL Wasabipaste
japanische Sojasoße
Gari

> Gurke schälen, waschen, längs halbieren, die Kerne mit einem Löffel entfernen und das Fruchtfleisch in ca. 1 cm breite Streifen schneiden. Forellenfilet ebenso klein schneiden. Schnittlauch waschen und trocken schütteln.

> Noriblatt quer halbieren und mit der rauen Seite nach oben auf eine Bambusmatte legen. Hände mit Essigwasser anfeuchten, den Reis maximal 1 cm hoch auf dem Noriblatt verteilen und leicht andrücken, dabei an den Längsseiten jeweils einen 2 cm breiten Rand frei lassen.

> Im unteren Drittel der Länge nach ¼ des Forellenfilets verteilen, mit Wasabipaste dünn bestreichen,

darauf ¼ der Gurkenstreifen legen und einige Schnittlauchhalme dazugeben.

> Noriblatt mit der Bambusmatte vorsichtig aufrollen und mit einem in Essigwasser getauchten, scharfen Messer in 8 gleich große Stücke schneiden.

> Die übrigen Noriblätter mit den restlichen Zutaten genauso zubereiten. Sojasoße in ein kleines Schälchen geben, nach Geschmack etwas Wasabipaste darin verrühren und die Röllchen hineintunken. Mit Gari servieren.

> Nährwerte pro Stück:
59 kcal, 247 kJ, 4 g EW,
1 g F, 8 g KH

Futomaki mit Thunfischfilet:
200 g sehr frisches Thunfischfilet kalt abspülen, trocken tupfen und in ca. 1 cm dicke Streifen schneiden. 3 Frühlingszwiebeln putzen, waschen und in feine Ringe schneiden. Aus dem Thunfisch, den Frühlingszwiebelringen, 150 g vorbereitetem Sushi-Reis, 2 gerösteten Noriblättern, 2 TL Wasabipaste wie oben beschrieben Futomaki herstellen.

Futomaki mit Räucherlachs und Avocado:
½ Avocado schälen, vom Kern lösen, das Fruchtfleisch in dünne Streifen schneiden und mit etwas Zitronensaft beträufeln. 200 g Räucherlachsscheiben längs dritteln. 1 Bd. Schnittlauch waschen, trocken schütteln. Aus den genannten Zutaten und 150 g vorbereitetem Sushi-Reis, 2 gerösteten Noriblättern, 2 TL Wasabipaste wie oben beschrieben Futomaki herstellen.

Frittierte Hosomaki in Tempurateig

[Maki mal anders]

FÜR 24 STÜCK:

100 g Frischkäse
3 TL Wasabipaste
1 TL Zitronensaft
100 g Salatgurke
1/2 Avocado
150 g frisches
Thunfischfilet
1 Packung Tempura-
teigmehl
2 geröstete Noriblätter
Essigwasser
150 g vorbereiteter
Sushi-Reis (S. 6)
1/2 l Öl zum Frittieren

> Frischkäse mit der Wasabipaste und dem Zitronensaft verrühren. Gurke schälen, waschen, halbieren, mit einem Löffel die Kerne entfernen und das Fruchtfleisch in Streifen schneiden. Avocado schälen, vom Kern befreien und in dünne Schnitze schneiden.

> Fischfilet waschen, trocken tupfen und quer zur Faser in 2 cm x 10 cm lange Streifen schneiden. Den Tempurateig nach Packungsanweisung anrühren und stehen lassen, bis die Sushi gerollt sind.

> 1 Noriblatt quer halbieren und mit der glatten Seite nach unten auf die Bambusrollmatte legen. Hände in Essigwasser tauchen. Reis ca. 1/2 cm hoch auf dem Noriblatt verteilen, etwas Frischkäse daraufstreichen und in der Mitte der Länge nach mit je 1/4 Fisch, Avocado und Gurke belegen.

> Das Noriblatt mithilfe der Matte aufrollen. Rolle mit einem scharfen, in Essigwasser getauchten Messer in 6 gleich große Stücke schneiden. Die restlichen Noriblätter auf die gleiche Weise halbieren, belegen, aufrollen und in Stücke schneiden.

> Öl in einem breiten Topf oder im Wok erhitzen. Die Sushi-Stücke durch den Tempurateig ziehen und im heißen Öl 2–3 Minuten frittieren. Auf einer dicken Lage Küchenpapier kurz abtropfen lassen und frisch servieren.

> Nährwerte pro Stück:
61 kcal, 256 kJ, 2 g EW,
4 g F, 4 g KH

Für die Füllung können Sie je nach Gusto auch frisches Wolfsbarschfilet oder Lachsfilet verwenden. Auch Matjesfilet ist sehr gut geeignet.

Zum Dippen passt eine selbst gemachte Senfsoße: einfach 1/4 l Misobrühe mit etwas Salz aufkochen und ca. 2 Minuten bei schwacher Hitze ziehen lassen. Anschließend abkühlen lassen, 150 g fein gehackte Schalotten, 4 EL Reisessig und 2 EL groben Senf gründlich unterrühren. In einem Schälchen zu den frittierten Maki servieren.

Sushi

JUNGE KÜCHE

Eier-Maki mit Avocado, Möhre und Pfifferlingen [gut kombiniert]

FÜR 24 STÜCK:
4 Eier
Salz
4 EL Milch
4 EL Mehl
Fett zum Braten
Essigwasser
150 g vorbereiteter
Sushi-Reis (S. 6)
1 Möhre
1/4 Avocado
Saft von 1/2 Zitrone
50 g Pfifferlinge
1 TL Butter
Pfeffer
2 TL Wasabipaste

> In einer Schüssel Eier mit Salz, Milch und Mehl glatt rühren. Fett in einer breiten Pfanne erhitzen, nacheinander 4 dünne Eierkuchen von beiden Seiten ausbacken und abkühlen lassen.

> 1 Eierkuchen auf die Bambusmatte legen. Nach Wunsch die Ränder rechteckig zuschneiden. Hände in Essigwasser tauchen und den Reis maximal 1 cm hoch auf dem Eierkuchen verteilen, dabei einen ca. 1 cm breiten Rand frei lassen.

> Möhre und Avocado schälen, Avocado vom Korn lösen und wie die Möhre in feine Streifen schneiden. 1/8 l Wasser mit Zitronensaft verrühren, Avocado kurz hinein-

legen und gut abtropfen lassen. Pfifferlinge putzen, klein schneiden, in heißer Butter kurz anbraten und mit Pfeffer würzen.

> Etwas Wasabipaste im unteren Drittel des Eierkuchens verstreichen und mit einigen Möhren- und Avocadostreifen und Pfifferlingen belegen.

> Eierkuchen mithilfe der Bambusmatte zu einer festen Rolle aufrollen und mit einem scharfen Messer in 6 Stücke schneiden. Auf diese Weise 3 weitere Rollen herstellen und in Stücke schneiden.

> Nährwerte pro Stück:
67 kcal, 276 kJ, 2 g EW,
2 g F, 10 g KH

Für das Omelett verwendet man in Japan traditionell eine spezielle Sushi-Omelett-Pfanne. Diese ist quadratisch und ca. 1 cm hoch. Zur Zubereitung können Sie aber auch eine herkömmliche runde Pfanne mit ca. 25 cm Durchmesser nehmen und nach dem Ausbacken die Ränder der Omeletts mit einem Messer gerade schneiden.

Eier-Maki mit Meeresfrüchten:
80 g TK-Meeresfrüchte auftauen, waschen, trocken tupfen und in 2 EL Sesamöl anbraten. 1 EL Sojasoße zugeben und verrühren. Nun wie im Rezept oben beschrieben Omeletts ausbacken und mit Sushi-Reis, Wasabipaste und den Meeresfrüchten zu Eier-Maki verarbeiten.

Eier-Maki mit Surimi:
4 Surimistäbchen (ca. 80 g) trocken tupfen und längs halbieren. Statt Wasabipaste 2 TL Mayonnaise nehmen. Weiter wie oben beschrieben.

Inside-out-Maki mit Mozzarella und Basilikum [Italy goes Sushi]

FÜR 16 STÜCK:

200 g Mozzarella
100 g getrocknete Tomaten in Öl (Glas)
2 Bd. Basilikum
2 geröstete Noriblätter
Essigwasser
150 g vorbereiteter Sushi-Reis (S. 6)

> Mozzarella abtropfen lassen und in feine längliche Stifte schneiden. Die getrockneten Tomaten mit Küchenpapier trocken tupfen und fein hacken. Basilikum waschen, trocken schütteln und die Blättchen von den Stängeln zupfen.

> Bambusmatte mit Frischhaltefolie umwickeln. Noriblatt mit der rauen Seite nach oben darauflegen. Hände mit Essigwasser anfeuchten. Den Reis darauf maximal 1 cm hoch gleichmäßig verteilen, etwas festdrücken und das Ganze vorsichtig umdrehen, so dass der Reis unten, das Blatt oben liegt.

> Auf das untere Drittel des Noriblatts Mozzarella und gehackte

Tomaten verteilen und vorsichtig einrollen. Die Außenseite der Rolle mit Basilikumblättchen belegen und mit der Matte 2 Minuten eingerollt lassen.

> Anschließend die Bambusmatte entfernen und die Rolle mit einem in Essigwasser getauchten, scharfen Messer in 8 Scheiben schneiden.

> Auf diese Weise eine weitere Rolle zubereiten und in 8 Stücke schneiden.

> Nährwerte pro Stück:
101 kcal, 423 kJ, 4 g EW,
6 g F, 9 g KH

Futomaki mit grünem Spargel:

4 Stangen grünen Spargel waschen, die holzigen Enden abschneiden und das untere Ende schälen. In einem Topf 1/8 l Wasser und 4 EL Sojasoße zum Kochen bringen und den Spargel darin ca. 10 Minuten blanchieren. Stangen anschließend herausnehmen und abtropfen lassen. Aus den Spargelstangen, 4 Scheiben geräuchertem Schinken, 150 g vorbereitetem Sushi-Reis, 2 gerösteten Noriblättern und 1 TL Wasabipaste Maki-Sushi herstellen (S. 7).

Futomaki mit Thunfisch und Mango:

150 g frisches Thunfischfilet kalt abspülen, trocken tupfen und in Streifen schneiden. 1/2 Mango schälen, vom Kern befreien und das Fruchtfleisch in Streifen schneiden. Aus Thunfisch, Mango, 150 g vorbereitetem Sushi-Reis, 2 gerösteten Noriblättern und 1 TL Wasabipaste Maki-Sushi herstellen (S. 7).

Ura-Maki mit Räucherlachs [Inside-out-Rolle]

FÜR 16 STÜCK:

1/2 Avocado
2 TL Zitronensaft
150 g Räucherlachs
3–4 EL ungeschälter Sesam
1 EL Wasabipulver (z. B. von Bamboo Garden)
2 geröstete Noriblätter
Essigwasser
150 g vorbereiteter Sushi-Reis (S. 6)
2 EL Mayonnaise
4 EL japanische Sojasoße
2 EL Gari

> Avocado schälen, vom Kern befreien, das Fruchtfleisch in 1/2 cm dicke Streifen schneiden und mit Zitronensaft beträufeln. Räucherlachsscheiben längs dritteln.

> Sesam ohne Fett in einer Pfanne anrösten. Wasabipulver mit einigen Tropfen Wasser zu einer festen Masse verkneten.

> Bambusmatte mit Frischhaltefolie umwickeln, Noriblatt mit der rauen Seite nach oben darauflegen. Hände mit Essigwasser anfeuchten.

> Reis auf dem Noriblatt ca. 1 cm hoch verteilen und etwas andrücken, dabei an den Längsseiten einen Rand von ca. 2 cm frei lassen. Reis mit dem angerösteten Sesam gleichmäßig bestreuen und leicht andrücken.

> Noriblatt vorsichtig umdrehen, sodass der Reis auf der Frischhaltefolie liegt. Die Mayonnaise auf das untere Drittel des Noriblattes streichen, darauf Avocado und Lachs legen. Den Lachs mit Wasabipaste dünn bestreichen.

> Noriblatt mit der Füllung nun mithilfe der Bambusmatte vorsichtig aufrollen, dabei leicht andrücken und in 8 Stücke schneiden. Aus den restlichen Zutaten eine zweite Rolle zubereiten und in Stücke schneiden.

> Sojasoße in ein kleines Schälchen geben, nach eigenem Gusto etwas Wasabi darin verrühren und die Ura-Maki darin tunken. Dazu Gari reichen.

> Nährwerte pro Stück:
61 kcal, 256 kJ, 3 g EW, 5 g F, 1 g KH

Ura-Maki mit Schwarzwurzeln:
120 g Schwarzwurzeln aus der Dose abtropfen lassen. In einem Topf mit 1 EL Sojasoße, 1 EL Mirin und 1 EL Sake erwärmen, kurz ziehen und anschließend abkühlen lassen. Aus 2 gerösteten Noriblättern, 150 g vorbereitetem Sushi-Reis, 3 EL Sesam, 1 TL Wasabipaste und den marinierten Schwarzwurzeln wie oben beschrieben Ura-Maki zubereiten.

Statt mit angeröstetem Sesam können Sie den Reis auch mit Kaviar bzw. Rogen bestreuen. Auch gehackte Kräuter sind gut geeignet, da sie leicht am Reis haften bleiben.

Futomaki mit Blattspinat und Aal

[einfach köstlich]

FÜR 16 STÜCK:

100 g Blattspinat
100 g frisches Aalfilet
100 ml Mirin
100 ml Sake
1 EL Zucker
2 geröstete Noriblätter
Essigwasser
150 g vorbereiteter
Sushi-Reis (S. 6)
2 TL Wasabipaste

> Spinat waschen, in kochendem Wasser kurz blanchieren, kalt abschrecken und in einem Sieb gut abtropfen lassen.

> Aal kalt abspülen und trocken tupfen. Mirin, Sake und Zucker in einem Topf erhitzen und den Aal darin ca. 5 Minuten garen. Anschließend abtropfen lassen und in Streifen schneiden.

> 1 Noriblatt mit der glatten Seite nach unten auf eine Bambusmatte legen. Hände mit Essigwasser anfeuchten. Den Reis ca. 1 cm hoch auf dem Blatt verteilen und glatt streichen, dabei an den Längsseiten jeweils einen 2 cm breiten Rand frei lassen.

> Im unteren Drittel etwas Wasabipaste verstreichen, etwas Spinat und Aal darauf verteilen. Noriblatt mithilfe der Bambusmatte zu einer festen Rolle aufrollen und diese mit einem in Essigwasser getauchten, scharfen Messer in 8 gleich große Stücke schneiden.

> Auf diese Weise eine weitere Rolle zubereiten und in 8 Stücke schneiden.

> Nährwerte pro Stück: 61 kcal, 256 kJ, 2 g EW, 0 g F, 14 g KH

Sushi sollten immer frisch zubereitet verspeist werden. Ist dies mal nicht möglich, können Sie die Sushi mit Frischhaltefolie bedecken und bis zu 2 Stunden im Kühlschrank aufbewahren. Vor dem Servieren sollten die Sushi wieder Raumtemperatur erlangen.

Besonders dekorativ wirken Sushi, wenn der Reis zuvor etwas eingefärbt wurde. So kann man den zubereiteten Sushi-Reis mit etwas Spinatsaft grün, mit Rote-Bete-Saft rot einfärben. Gelb wird der Reis mit etwas Kürbissaft.

Nigiri

JUNGE KÜCHE

Gemischte Nigiri-Platte [die Vielfalt macht's]

FÜR 16 STÜCK:

Essigwasser
300 g vorbereiteter
Sushi-Reis (S. 6)
4 küchenfertige, gekochte
Garnelen mit Schwanz
2 TL Wasabipaste
80 g frisches Thunfisch-
filet
80 g frisches Heilbuttfilet
80 g frisches Lachsfilet
schwarzer Sesam
Ingwer oder Kresse zum
Bestreuen

> Hände mit Essigwasser befeuchten. Den Sushi-Reis zu 16 länglichen, nicht zu festen Klößchen formen.

> Garnelen längs halbieren, am Schwanz zusammenlassen und den Darm entfernen. Die Unterseite mit ein wenig Wasabipaste bestreichen.

> Fischfilets kalt abspülen und trocken tupfen. Mit einem scharfen Messer schräg zur Faser in je 4 dünne, möglichst gleich große Scheiben von ca. 3 cm x 5 cm schneiden und auf einer Seite mit ein wenig Wasabipaste bestreichen.

> 1 Fischfilet bzw. 1 Garnele mit der Wasabiseite nach oben in die linke Hand legen und ein Reisklößchen daraufgeben und mit dem Daumen leicht andrücken.

> Nun das Nigiri mit der anderen Hand vorsichtig umdrehen und das Fischfilet an den Längsseiten

sanft an den Reis drücken. Mit dem Zeigefinger von oben halbrund nachformen, sodass die typische Nigiri-Form entsteht.

> Auf diese Weise die restlichen Nigiri zubereiten und auf einer Platte anrichten. Nigiri-Sushi nach Wunsch mit schwarzem Sesam bestreuen, mit in Streifen geschnittenem Ingwer oder Kresse belegen.

> Nährwerte pro Garnelen-Nigiri: 80 kcal, 337 kJ, 3 g EW, 0 g F, 16 g KH

> Nährwerte pro Thunfisch-Nigiri: 116 kcal, 490 kJ, 6 g EW, 3 g F, 16 g KH

> Nährwerte pro Heilbutt-Nigiri: 90 kcal, 380 kJ, 6 g EW, 0 g F, 16 g KH

> Nährwerte pro Lachs-Nigiri: 97 kcal, 410 kJ, 6 g EW, 1 g F, 16 g KH

Je nach Geschmack können Sie auch rohes Fischfilet von beispielsweise Forelle, Wolfsbarsch oder Seezunge nehmen. Hauptsache, der Fisch ist wirklich ganz frisch.

Sushi
JUNGE KÜCHE

Nigiri mit Eierstich [dekorativ]

FÜR 8 STÜCK:

6 Eier
1 TL helle Sojasoße
2 EL Zucker
1 Prise Salz
1 EL Mirin
Öl zum Braten
1 geröstetes Noriblatt
Essigwasser
150 g vorbereiteter
Sushi-Reis (S. 6)

> Für das Omelett die Eier in einer Schüssel aufschlagen, 2 EL Wasser, Sojasoße, Zucker, Salz und Mirin zufügen und gut verquirlen, dabei jedoch nicht schaumig schlagen.

> Eine heiße Pfanne mit Öl einpinseln, dann eine dünne Schicht Eimasse in die Pfanne gießen und bei mittlerer Hitze leicht stocken lassen, dabei die entstehenden Blasen aufstechen.

> Das gestockte Ei mithilfe einer Palette zweimal zu einem ca. 6 cm breiten Stück übereinanderschlagen. Den freien Platz in der Pfanne mit ein wenig Öl einpinseln.

> Eine dünne Schicht Eimasse eingießen, die dickere Omelettschicht kurz anheben, damit etwas von der flüssigen Masse darunterlaufen kann, und kurz stocken lassen.

> Mithilfe der Palette das Omelettstück um die gerade dickere Eischicht schlagen, so fortfahren, bis die gesamte Eimasse verbraucht und das Omelett ca. 2 cm dick ist.

> Den fertigen Eierstich auf Zimmertemperatur abkühlen lassen. Dann mit einem langen Messer quer halbieren, diese Hälften dann in je 4 gleich große, rechteckige Stücke schneiden.

> Das Noriblatt in 8 ca. 2 cm breite Streifen schneiden. Hände mit Essigwasser anfeuchten. Sushi-Reis zu 8 länglichen, nicht zu festen Klößchen formen.

> 1 Scheibe Omelett in die linke Hand legen und ein Reisklößchen darauflegen und mit dem Daumen leicht andrücken. Nun das Nigiri mit der anderen Hand vorsichtig umdrehen und die Omelettscheibe sanft an den Reis drücken.

> Nun das Nigiri auf eine Platte setzen und mit einem Noristreifen umwickeln. Die Streifenenden mit einigen Reiskörnern festkleben.

> Auf diese Weise weitere 7 Nigiri zubereiten.

> Nährwerte pro Stück:
201 kcal, 840 kJ, 8 g EW,
10 g F, 17 g KH

Zu Sushi trinkt man stilecht grünen Tee oder Sake. Da der japanische Reiswein lauwarm getrunken wird, sollte er vor dem Servieren im Wasserbad ein wenig erwärmen werden.

Nigiri mit Räucherlachs [Abb.]

FÜR 8 STÜCK:

80 g Räucherlachs in Scheiben
1 TL Wasabipaste
Essigwasser
150 g vorbereiteter Sushi-Reis (S. 6)
2 Radieschen
frischer Dill zum Garnieren

> Räucherlachs in 8 gleichmäßige Stücke von ca. 3 cm x 5 cm schneiden. Die Lachsstücke auf einer Seite mit etwas Wasabipaste bestreichen.

> Hände mit Essigwasser anfeuchten. Sushi-Reis zu 8 länglichen, nicht zu festen Klößchen formen.

> 1 Lachsscheibe mit der Wasabiseite nach oben in die linke Hand legen und ein Reisklößchen darauflegen und mit dem Daumen leicht andrücken.

> Nun das Nigiri mit der anderen Hand vorsichtig umdrehen und den Lachs an den Längsseiten sanft an den Reis drücken. Mit dem Zeigefinger von oben halbrund nachformen, sodass die typische Nigiri-Form entsteht.

> Auf diese Weise die restlichen Nigiri zubereiten und auf einer Platte anrichten. Radieschen waschen, trocken tupfen, in sehr feine Streifen schneiden und auf den Nigiri dekorativ verteilen und mit frischem Dill garnieren.

> Nährwerte pro Stück:
88 kcal, 369 kJ, 3 g EW,
2 g F, 14 g KH

Nigiri mit marinierten Garnelen [Klassiker]

FÜR 8 STÜCK:

8 rohe, ungeschälte Garnelen
Salz
1 EL Reisessig
4 EL Mirin
1 EL Zitronensaft
½ TL Zucker
1 TL Wasabipaste
Essigwasser
150 g vorbereiteter Sushi-Reis (S. 6)

> Die Garnelen waschen. Ein langes Holzstäbchen oder eine Rouladennadel vom Kopf bis zum Schwanz durch die Beine schieben, ohne das Fleisch zu beschädigen.

> In kräftigem Salzwasser 3 Minuten garen, anschließend in Eiswasser abschrecken. Nadeln herausziehen und Garnelen schälen, Schwanzflosse jedoch dranlassen.

> Aus Reisessig, Mirin, Zitronensaft und Zucker eine Marinade anrühren und die Garnelen darin ca. 15 Minuten marinieren.

> Anschließend die Garnelen abtropfen lassen, von der Unterseite her längs halb durchschneiden und mit den Fingern vorsichtig öffnen und flach drücken, ohne das Fleisch zu beschädigen.

> Die Unterseite mit etwas Wasabipaste einstreichen und wie im Rezept oben mit Sushi-Reis zu Nigiri formen.

> Nährwerte pro Stück:
133 kcal, 556 kJ, 12 g EW,
2 g F, 16 g KH

Nigiri mit Spargel und Parmaschinken

[European-Style]

FÜR 8 STÜCK:

8 Chicoréeblätter
1 geröstetes Noriblatt
16 grüne Spargelstangen
2 TL Salz
Essigwasser
150 g vorbereiteter
Sushi-Reis (S. 6)
100 g Parmaschinken

> Chicoréeblätter waschen und trocken tupfen. Noriblatt in 8 schmale Streifen schneiden. Spargel putzen, waschen und das untere Drittel schälen.

> Die Spargelstangen in reichlich Salzwasser 8–10 Minuten blanchieren. Anschließend kalt abschrecken und in einem Sieb gut abtropfen lassen.

> Die Chicoréeblätter auf die Arbeitsfläche legen und quer in die Mitte je 1 Noriblattstreifen legen. Hände mit Essigwasser befeuchten. Aus dem Sushi-Reis kleine, nicht zu feste Küchlein in

Form und Länge des Chicoréeblattes formen und in das Blatt auf den Noristreifen setzen.

> Dann je 2 Spargelstangen auf den Reis legen und jeweils 1 eingerollte Scheibe Schinken darauflegen. Das Ganze mit dem Noriblattstreifen umschließen, dabei die Enden mit einem Reiskorn festkleben.

> Auf diese Weise die restlichen Nigiri zubereiten.

> Nährwerte pro Stück:
105 kcal, 440 kJ, 6 g EW,
2 g F, 16 g KH

Nigiri mit Salami:
100 g breite, würzige italienische Salami in Scheiben schneiden. Jede Scheibe auf einer Seite mit etwas Wasabipaste bestreichen und wie auf S. 26 oben beschrieben mit Sushi-Reis zu Nigiri verarbeiten. Nach Wunsch mit Schnittlauchröllchen bestreuen.

Nigiri mit Tintenfisch:
200 g frische Tintenfischtuben längs aufschneiden, waschen und trocken tupfen. Anschließend in 8 möglichst gleich große Stücke von ca. 3 cm x 5 cm schneiden. Jedes Stück auf einer Seite mit etwas Wasabipaste einstreichen und mit Sushi-Reis wie auf S. 26 oben beschrieben zu Nigiri verarbeiten.

Nigiri mit Rinderfilet [Carpaccio auf Japanisch]

> Rinderfilet waschen, mit Küchenpapier trocken tupfen und für 10 Minuten ins Gefrierfach legen. Herausnehmen und mit einem sehr scharfen Messer in 8 gleichmäßige Stücke von ca. 3 cm x 5 cm schneiden. Die Rinderfiletstreifen auf einer Seite mit ein wenig Wasabipaste bestreichen.

> Zitrone heiß abwaschen, trocknen und halbieren. Saft einer Hälfte auspressen, andere Hälfte in dünne Scheiben schneiden.

> Hände mit Essigwasser anfeuchten. Sushi-Reis zu 8 länglichen, nicht zu festen Klößchen formen.

> Ein Rinderfiletstück mit der Wasabiseite nach oben in die linke Hand legen, ein Reisklößchen da

rauflegen und mit dem Daumen leicht andrücken.

> Nun das Nigiri mit der anderen Hand vorsichtig umdrehen und das Rinderfilet an den Längsseiten sanft an den Reis drücken.

> Die Filetscheiben mit etwas Zitronensaft beträufeln und mit Salz und Pfeffer würzen. Nigiri auf einer Platte anrichten und mit Zitronenscheiben garnieren.

> Auf diese Weise die restlichen Nigiri herstellen.

> Nährwerte pro Stück: 100 kcal, 418 kJ, 5 g EW, 2 g F, 15 g KH

FÜR 8 STÜCK:
100 g Rinderfilet
1 TL Wasabipaste
1 Zitrone (unbehandelt)
Essigwasser
150 g vorbereiteter Sushi-Reis (S. 6)
Salz
Pfeffer aus der Mühle

Nigiri mit Entenbrust:
150 g Entenbrust waschen und trocken tupfen. 1 EL Sesamöl in einer Pfanne erhitzen und das Fleisch von jeder Seite 2 Minuten kräftig anbraten. Mit Salz und Pfeffer würzen, aus der Pfanne nehmen und etwas abkühlen lassen. Anschließend schräg in dünne Scheiben schneiden. Die Scheiben auf einer Seite mit etwas Wasabipaste einstreichen und wie oben beschrieben mit vorbereitetem Sushi-Reis zu Nigiri verarbeiten.

Nigiri mit Sardellen [dauert etwas, schmeckt umso besser]

FÜR 8 STÜCK:

8 frische Sardellen
2 EL grobes Meersalz
1 kleines Stück Ingwer
(2 cm)
2 EL Mirin
4 EL Reisessig
1 EL Zucker
1 TL Wasabipaste
Essigwasser
150 g vorbereiteter
Sushi-Reis (S. 6)
8 Schnittlauchhalme

> Sardellen waschen und die Köpfe, nach Wunsch auch die Flossen, wegschneiden. Die Fische von der Bauchseite längs einschneiden, jedoch nicht durchschneiden. Vorsichtig die Mittelgräte entfernen. Fische mit Meersalz sanft einreiben und ca. 20 Minuten ziehen lassen.

> Ingwer schälen und sehr fein hacken. Zusammen mit Mirin, Reisessig und Zucker verrühren. Die Fische mit dieser Marinade begießen und weitere 20 Minuten ziehen lassen. Dabei ab und zu wenden.

> Sardellen mit Küchenpapier trocken tupfen. Auf einer Seite die Haut mit einem scharfen Messer leicht einschneiden, auf der anderen Seite mit etwas Wasabipaste bestreichen.

> Hände mit Essigwasser befeuchten. Sushi-Reis zu 8 länglichen, nicht zu festen Klößchen formen.

> Jeweils 1 Sardelle mit der Wasabiseite nach oben in die linke Hand legen, 1 Reisklößchen darauflegen und mit dem Daumen leicht andrücken. Nun das Nigiri mit der anderen Hand vorsichtig umdrehen und mit dem Zeigefinger von oben halbrund nachformen, sodass die typische Nigiri-Form entsteht.

> Jedes Sushi mit einem Schnittlauchhalm dekorativ umbinden und anrichten.

> Nährwerte pro Stück:
112 kcal, 510 kJ, 5 g EW,
2 g F, 18 g KH

Nigiri mit Jakobsmuscheln:
8 Jakobsmuscheln waschen und trocken tupfen. 1 EL Öl in einer Pfanne erhitzen und die Muscheln darin kurz anbraten. Herausnehmen und auf Küchenpapier abtropfen lassen. Anschließend die Muscheln quer in Scheiben schneiden. Jede Scheibe auf einer Seite mit etwas Wasabipaste einstreichen und mit vorbereitetem Sushi-Reis wie oben beschrieben zu Nigiri verarbeiten.

Nigiri mit Mango und Hähnchenbrust-filet [Indian-Style]

FÜR 8 STÜCK:

1 kleine Mango
1 rote Chilischote
1 Limette (unbehandelt)
200 g Hähnchenbrustfilet
2 EL Tandoorimarinade
(Glas, aus dem Asialaden)
1 EL Öl
2 EL Mayonnaise
4 EL Sesam
Essigwasser
150 g vorbereiteter
Sushi-Reis (S. 6)

> Mango gründlich waschen, schälen, vom Kern befreien und in schmale Schnitze schneiden. Chilischote waschen, putzen, entkernen und ganz fein würfeln.

> Limette heiß abwaschen und trocken wischen. Die Schale fein abreiben und den Saft einer Hälfte auspressen.

> Abgeriebene Limettenschale und 1 EL Limettensaft mit Chili mischen und die Mangoschnitze damit vermengen.

> Hähnchenbrust kalt abspülen und mit Küchenpapier trocken tupfen. Mit 1 ½ EL Tandoorimarinade einpinseln und kurz ziehen lassen. Öl in einer Pfanne erhitzen und das Fleisch bei mittlerer Hitze pro Seite ca. 5 Minuten braten.

> Anschließend aus der Pfanne nehmen, auf Küchenpapier abtropfen und abkühlen lassen. Danach in ca. 3 cm x 5 cm große, gleichmäßige dünne Stücke schneiden.

> Mayonnaise mit der übrigen Tandoorimarinade verrühren und Sesam auf einen Teller geben.

> Hände mit Essigwasser anfeuchten. Sushi-Reis zu 8 länglichen, nicht zu festen Klößchen formen.

> Die Seiten des Reisklößchens mit Mayonnaise einstreichen und im Sesam wälzen. Oben 1–2 Mangoschnitze und 1 Stück Hähnchenfleisch auflegen und leicht andrücken. Auf einer Platte anrichten.

> Nährwerte pro Stück:
199 kcal, 834 kJ, 8 g EW,
10 g F, 19 g KH

Dazu schmeckt eine Sesamsoße: 200 ml Dashi-Brühe aufkochen, 5 EL gemahlenen schwarzen Sesam, 2 EL gemahlene Erdnüsse und 1 TL Wasabipaste gründlich einrühren und etwas einkochen lassen. Anschließend abkühlen lassen und in Schälchen zum Dippen servieren.

Temaki, Gunkan-Maki & Co.

JUNGE KÜCHE

California-Temaki [handgerollt]

FÜR 6 STÜCK:

¼ Salatgurke
½ reife Avocado
6 Salatblätter
3 geröstete Noriblätter
Essigwasser
100 g vorbereiteter
Sushi-Reis (S. 6)
1 TL Wasabipaste
1 TL Mayonnaise
6 küchenfertige,
gekochte Garnelen
4 EL Lachskaviar
japanische Sojasoße
zum Dippen (z. B. von
Kikkoman)

> Gurke waschen, längs vierteln, entkernen und das Fruchtfleisch in feine Streifen schneiden. Avocado schälen und ebenfalls in feine Streifen schneiden. Salatblätter waschen und trocken tupfen.

> Noriblätter halbieren. Hände mit Essigwasser anfeuchten und den Sushi-Reis zu 6 gleich großen Bällchen formen.

> Je ½ Noriblatt mit der rauen Seite nach oben in die linke Handfläche legen. Ein Reisbällchen darauflegen und mit etwas Wasabipaste und Mayonnaise bestreichen.

Jeweils 1 Garnele, ⅙ vom Kaviar sowie den Gurken- und Avocadostreifen und 1 Salatblatt auf den Reis geben und leicht andrücken.

> Nun die linke untere Ecke des Noriblatts nach rechts falten und so zu einer Tüte aufrollen. Das äußere Blattende mit 2 Reiskörnern festkleben. Auf diese Weise die restlichen 5 Temaki herstellen und mit Sojasoße servieren.

> Nährwerte pro Stück:
219 kcal, 916 kJ, 18 g EW,
10 g F, 15 g KH

Vegetarische Temaki:

Je 30 g rote und gelbe Paprikaschote waschen, putzen und in feine Streifen schneiden. 60 g Spargel aus dem Glas gut abtropfen lassen. Aus 3 halbierten Noriblättern, 100 g vorbereitetem Sushi-Reis, 1 TL Wasabipaste, 1 TL Mayonnaise, Paprika, Spargel und 6 Salatblättern wie oben beschrieben 6 Temaki rollen.

Temaki sind kleine aufgerollte Tütchen. Da jede Tüte einzeln gerollt wird, ist die Zubereitung etwas aufwendiger. Es entfällt jedoch das Rollen mit der Bambusmatte. So kann sich jeder am Tisch seine eigenen Temaki rollen und nach Belieben füllen. Im Gegensatz zu Maki und Nigiri, die traditionell mit Stäbchen gegessen werden, isst man Temaki mit den Fingern. Zum Dippen japanische Sojasoße mit etwas Wasabipaste verrühren und zu den Temaki reichen.

Temaki mit Hähnchenbrustfilet und Blattspinat [dekorativ]

FÜR 8 STÜCK:

150 g Hähnchenbrustfilet
½ TL Fünf-Gewürz-Pulver
(z. B. von Bamboo Garden)
3 EL japanische Sojasoße
150 g Blattspinat
2 EL Sesam
100 g vorbereiteter
Sushi-Reis (S. 6)
Essigwasser
4 geröstete Noriblätter
1 TL Wasabipaste

> Hähnchenbrustfilet kalt abspülen, trocken tupfen und in feine Streifen schneiden. In einem Topf mit wenig Wasser 10 Minuten köcheln lassen. Hähnchenfleisch herausnehmen und auskühlen lassen. Anschließend mit dem Würzpulver und 2 EL Sojasoße würzen.

> Blattspinat putzen, waschen und in kochendem Wasser kurz blanchieren. Anschließend kalt abschrecken, kurz ausdrücken, wieder auflockern und mit 1 EL Sojasoße würzen.

> Sesam in einer Pfanne ohne Fett goldbraun anrösten, abkühlen lassen und mit dem Spinat vermengen.

> Reis mit in Essigwasser angefeuchteten Händen zu 8 gleich

großen Bällchen formen. Noriblätter quer halbieren. Je ½ Blatt mit der rauen Seite nach oben in die linke Handfläche legen. Ein Reisbällchen darauflegen, mit etwas Wasabipaste bestreichen, ein wenig Spinat sowie Hähnchenfleisch auf den Reis geben und etwas andrücken.

> Nun die linke untere Ecke des Noriblatts nach rechts falten und so zu einer Tüte aufrollen. Das äußere Blattende mit 2 Reiskörnern festkleben. Auf diese Weise die restlichen 7 Temaki herstellen.

> Nährwerte pro Stück:
131 kcal, 548 kJ, 12 g EW,
3 g F, 14 g KH

Statt Spinat können Sie auch Frühlingszwiebeln nehmen. Diese putzen, waschen und längs in ganz feine Streifen schneiden.

Lachs-Temaki:
150 g frisches Lachsfilet waschen, trocken tupfen, in Streifen schneiden und in 1 EL Kartoffelmehl wenden. 1 EL Öl in einer Pfanne erhitzen und den Lachs darin von allen Seiten kurz anbraten. 3 EL Teriyaki dazugeben und kurz ziehen lassen. Pfanne vom Herd nehmen und den Lachs etwas abkühlen lassen. Aus 4 halbierten Noriblättern, 100 g vorbereitetem Sushi-Reis, 1 TL Wasabipaste, Lachs, 8 Salatblättern und 16 Schnittlauchhalmen wie oben beschrieben 8 Temaki rollen.

Gunkan-Maki [handgeformte Sushi-Schiffchen]

FÜR 12 STÜCK:

2 geröstete Noriblätter
Essigwasser
150 g vorbereiteter
Sushi-Reis (S. 6)
1 TL Wasabipaste
30 g Lachskaviar oder
Forellenkaviar
30 g frisches Lachsfilet
30 g frisches Kabeljaufilet

> Von den Noriblättern eventuell fransige Seiten glatt schneiden. Die Noriblätter der Länge nach in 12 ca. 3 cm x 15 cm große Streifen schneiden.

> Hände mit Essigwasser anfeuchten. Aus dem vorbereiteten Sushi-Reis 12 länglichovale, nicht zu feste Klößchen formen. Auf der Oberseite mit den Fingern ein wenig Wasabipaste verteilen.

> Um jedes Reisklößchen einen Noriblattstreifen mit der glatten Seite nach außen wickeln. Das

Blattende mit 1–2 Reiskörnern festkleben.

> Den Reis im Noriblatt behutsam etwas herunterdrücken und den Kaviar gleichmäßig auf 3 Gunkan-Maki verteilen.

> Lachs- und Kabeljaufilet kalt abspülen, trocken tupfen und fein hacken. Getrennt auf die restlichen Gunkan-Maki verteilen.

> Nährwerte pro Stück:
83 kcal, 347 kJ, 4 g EW,
2 g F, 13 g KH

Bei den Gunkan-Maki dient das Reisklößchen als Boden, um den ein zurechtgeschnittenes Noriblatt gewickelt wird. Oben entsteht dadurch eine Öffnung, die besonders mit weichen Zutaten gefüllt werden kann. Kaviar, Seeigelrogen, Fischcreme oder sogar Rührei eignen sich dafür bestens.

Mit Surimifüllung:
150 g Surimi grob hacken und mit 2 EL Mayonnaise und 1 TL Wasabipaste verrühren und wie oben beschrieben in die Gunkan-Maki setzen.

Mit Tofufüllung:
150 g geräucherten Tofu in kleine Würfel schneiden und mit 2 EL japanischer Sojasoße und 2 EL Sake verrühren. Kurz ziehen lassen und die Gunkan-Maki damit füllen.

Die Sushi-Vielfalt

Sushi heißt eigentlich nichts anderes als »mit Essig gesäuerter Reis«. So verwundert es kaum, dass es Sushi in unzähligen Formen und Kombinationen gibt. Waren die japanischen Häppchen früher hauptsächlich mit frischem Fischfilet gefüllt oder belegt, findet man heute auch Varianten mit rohem Rinderfilet oder Spargel. Der Phantasie sind keine Grenzen gesetzt: Hauptsache, es schmeckt!

Maki-Sushi

Die wohl bekannteste Variante. Mithilfe einer Bambusmatte werden Sushi-Reis und frische Zutaten wie beispielsweise Fischfilet oder Gemüsestreifen in ein Noriblatt eingerollt. Die so entstandene Rolle wird mit einem in Essigwasser getauchten, scharfen Messer in mundgerechte Scheiben geschnitten. Je nach dem ob ein ganzes oder ein halbiertes Noriblatt verwendet wird, unterscheidet man zwischen den dickeren Futomaki und den dünneren Hosomaki.

Zur Herstellung der Maki-Sushi empfiehlt sich eine elastische Matte aus Bambusstäbchen. Sie erleichtert das Einrollen und ist in Asialäden erhältlich. Besonders wichtig ist auch ein wirklich scharfes Messer, mit dem die Rolle in Scheiben geschnitten wird. Zwar gibt es im Handel spezielle Sushi-Messer, ein geschärftes Haushaltsmesser tut es allerdings auch.

Ura-Maki-Sushi

Diese Variante ist auch unter dem Namen »Inside-out-Roll« oder auch »California-Roll« bekannt. Dabei handelt es sich eigentlich um Maki-Sushi, bei denen jedoch das Noriblatt mit dem Sushi-Reis vor dem Belegen gewendet wird, sodass nach dem Rollen das Noriblatt mit den würzigen Zutaten vom Reis umschlossen wird.

Nigiri-Sushi

Für diese handgeformten Sushi wird ein kastaniengroßes Stück Sushi-Reis zu einem länglichen Klößchen geformt. Obendrauf kommt ein kleines Stück Fischfilet, eine Garnele oder ein Stückchen Omelett. Traditionell werden Nigiri-Sushi wie auch Gunkan-Maki paarweise serviert.

Temaki-Sushi

Bei diesen handgeformten Sushi wird das Noriblatt zu einer Tüte gerollt und mit Reis und weiteren Zutaten gefüllt.

Gunkan-Maki-Sushi

Ein Reisklößchen wird als Boden mit einem Stück gerösteten Noriblatt als Zylinder umwickelt. Oben wird dieser dann mit weichen Zutaten wie beispielsweise Kaviar gefüllt.

Sashimi

Nichts anderes als Sushi ohne Reis: Frische rohe Fischfiletstücke werden mit etwas Gemüse dekorativ auf einer Platte angerichtet und mit Gari oder etwas Wasabipaste serviert.

Die wichtigsten Zutaten

Sushi-Reis

Ein japanischer Rundkornreis mit sehr klebriger Konsistenz, der sich daher gut formen lässt. Zur Not kann man auch mal Risottoreis nehmen, aber authentischer ist die japanische Variante.

Reisessig

Japanischer Essig mit mildem Geschmack. Er wird hauptsächlich zum Würzen von Sushi-Reis verwendet. Der Reis erhält dadurch sein typisches leicht säuerliches Aroma.

Noriblätter

Die getrockneten Seetangblätter sind dunkelgrün und dienen als Hülle für Sushi-Rollen. Meist gibt es sie bereits vorgeröstet zu kaufen. Wenn nicht, kann man sie kurz über der Herdplatte rösten, bis sie schön kross sind und duften.

Wasabipaste

Diesen grünen Meerrettich gibt es als fertige Paste oder als Pulver zum Anrühren mit Wasser. Da Wasabi wirklich unglaublich scharf ist, sollte man damit sehr vorsichtig umgehen.

Japanische Sojasoße

Sie schmeckt nicht so salzig wie die traditionelle chinesische Sojasoße. Die würzige Soße gibt es in dunkler und in heller Variante, wobei Letztere den Eigengeschmack der Zutaten besonders gut zur Geltung bringt.

Sesamöl

Das dunkle Öl ist sehr geschmacksintensiv und wird daher nur sehr sparsam verwendet. Die helle Variante wird aus ungerösteten Samen hergestellt und ist aufgrund des neutralen Geschmacks eher zum Braten geeignet.

Gari

Ingwerscheiben, die in einer Marinade aus Reiswein, Mirin, Zucker und Salz eingelegt sind. Sie werden zu Sushi serviert, um den Geschmack zwischen dem Genuss verschiedener Sushi-Varianten zu neutralisieren.

Mirin

Reiswein mit süßem Geschmack, der nicht zum Trinken, sondern zum Kochen verwendet wird.

Dashi

Eine Brühe, die in Japan hauptsächlich als Grundlage für Suppen verwendet wird. Bei uns ist die Instantvariante erhältlich. Das Pulver muss nur noch in etwas Wasser aufgelöst werden.

Sushi

Geschichtete Sushi-Sandwiches

[fürs Partybuffet]

FÜR CA. 40 STÜCK:

1 reife Avocado
1 rote Paprikaschote
½ Salatgurke
4 geröstete Noriblätter
3 TL Wasabipaste
Essigwasser
500 g vorbereiteter
Sushi-Reis (S. 6)
100 g gebeizter Lachs
50 g Forellenkaviar
japanische Sojasoße
Gari

> Avocado schälen, den Kern entfernen und das Fruchtfleisch in dünne Scheiben schneiden. Paprikaschote waschen, von Stielansatz, Trennwänden und Kernen befreien und in breite Streifen schneiden. Salatgurke schälen und in dünne Scheiben schneiden.

> 2 Noriblätter dünn mit Wasabipaste bestreichen. Hände mit Essigwasser anfeuchten und die Hälfte vom Sushi-Reis gleichmäßig ca. ½ cm dick auf den Blättern verteilen.

> Auf dem Reis in beliebiger Anordnung Avocado, Paprika, Salatgurke, Lachs und Forellenkaviar verteilen. Hände erneut mit Essigwasser anfeuchten und eine zweite Schicht Reis darüberstreichen.

> Den Reis etwas glatt streichen und ganz vorsichtig zusammendrücken. Mit einem in Essigwasser getauchten, sehr scharfen Messer das Ganze nun in kleine Reiswürfel schneiden.

> Aus den restlichen Noriblättern Vierecke in der gleichen Größe wie die Reiswürfel schneiden und auf den Reis legen. Sushi-Sandwiches mit Sojasoße und eingelegtem Ingwer servieren.

> Nährwerte pro Stück:
91 kcal, 380 kJ, 3 g LW,
3 g F, 14 g KH

Damit beim Schneiden nichts verrutscht, können Sie die Zutaten auch in einer rechteckigen, eingeölten Form aus Porzellan, Glas oder Kunststoff schichten.

Auch hier können Sie die frischen Zutaten beliebig variieren: blanchierte Zuckerschoten, in Streifen geschnittene Möhren, gekochte und fein gehackte Garnelen, frisches Thunfisch-, Seewolf- oder Lachsfilet.

Sushi
JUNGE KÜCHE

Thunfisch-Sushi-Häppchen [Freestyle-Sushi für Experimentierfreudige]

FÜR 8 STÜCK:

1 frisches Thunfischsteak
(ca. 250 g)
2 TL Wasabipaste
2 geröstete Noriblätter
Essigwasser
150 g vorbereiteter
Sushi-Reis (S. 6)
1 EL japanische Sojasoße
Salz
Pfeffer aus der Mühle
1 EL Sesamöl
1 EL Koriander,
frisch gehackt

> Thunfischsteak kalt abspülen, trocken tupfen und für ca. 10 Minuten ins Gefrierfach legen.

> Anschließend von dem Steak quer zur Faser mit einem scharfen Messer 8 sehr dünne und gleichmäßige Scheiben von ca. 3 cm x 5 cm abschneiden. Restlichen Thunfisch beiseitelegen.

> Die Thunfischscheiben auf einer Seite dünn mit Wasabipaste bestreichen. Jedes Noriblatt in 4 Quadrate teilen. Hände mit Essigwasser anfeuchten.

> Sushi-Reis zu 8 runden flachen Klößchen formen und auf die Noriblätter legen. Darauf die Thunfischscheiben verteilen.

> Restlichen Thunfisch mit Sojasoße, ein wenig Salz und Pfeffer würzen und kurz ziehen lassen.

> Öl in einer Pfanne erhitzen und den Thunfisch pro Seite 1 Minute anbraten. Anschließend vom Herd nehmen und zugedeckt 2 Minuten ruhen lassen.

> Das Steak anschließend in 8 gleich große Stücke schneiden und dekorativ auf den vorbereiteten Fischscheiben anrichten. Nach Wunsch mit fein gehacktem Koriander bestreuen.

> Nährwerte pro Stück:
166 kcal, 695 kJ, 10 g EW,
7 g F, 16 g KH

Thunfisch ist sehr eiweiß- sowie fettreich und besitzt viele wichtige Vitamine, wie z. B. Vitamin A, B$_{12}$, D, E und Niacin, aber auch Zink und Jod. Frischer Thunfisch hat eine kräftige rote Farbe und erinnert ein wenig an Rindfleisch. Fleisch älterer Tiere hat hingegen eine braungraue Färbung. Da das Fleisch beim Anbraten sehr schnell austrocknet, sollte man es nur kurz in der Pfanne erhitzen.

Bara-Sushi mit Tamago [auch als Vorspeise]

FÜR 4 STÜCK:

2 Eier
1 EL Mirin
4 EL japanische Sojasoße
(z. B. von Bamboo Garden)
1 TL Zucker
1 EL Öl
je 100 g frisches
Lachs-, Wolfsbarsch-,
Thunfischfilet
2 geröstete Noriblätter
2 TL Wasabipaste
1 Frühlingszwiebel
Essigwasser
250 g vorbereiteter
Sushi-Reis (S. 6)
8 küchenfertige, gekochte
Garnelen
4 EL Forellenkaviar
3 EL Gari

> Für das Tamago (Eieromelett) Eier, Mirin, 1 EL Sojasoße und Zucker verquirlen.

> In einer kleinen beschichteten Pfanne Öl erhitzen und die Eiermischung darin bei sehr schwacher Hitze zu einem Omelett stocken lassen. Anschließend abkühlen lassen, aufrollen und quer in feine Röllchen schneiden.

> Die Fischfilets kalt abspülen, trocken tupfen und mit einem scharfen Messer quer zur Faser in je 8 ca. 3 cm x 4 cm große Stücke schneiden.

> Noriblätter in sehr feine Streifen schneiden. In einem kleinen Schälchen 3 EL Sojasoße mit 1 TL Wasabipaste verrühren. Frühlings-

zwiebel putzen, waschen und schräg in feine Streifen schneiden.

> Hände mit Essigwasser befeuchten, den Sushi-Reis zu 4 flachen Talern formen und auf 4 Tellern anrichten. Den Reis mit restlicher Wasabipaste bestreichen.

> Garnelen, Fischfilets, Kaviar, Frühlingszwiebel, Tamago und Gari dekorativ auf den Reistalern anrichten.

> Die angerührte Sojasoße und die Noriblattstreifen zu den Bara-Sushi reichen.

> Nährwerte pro Stück:
607 kcal, 2131 kJ, 43 g EW,
13 g F, 53 g KH

Zu Bara-Sushi können Sie eine würzige Tofusuppe servieren: 250 g Räuchertofu würfeln. 200 g Brunnenkresse waschen und fein hacken. 1 l Dashi-Brühe aufkochen und Tofu sowie die Brunnenkresse darin ca. 5 Minuten köcheln lassen. Mit etwas Sojasoße abschmecken. In einer kleinen Schüssel 3 Eier mit 2 EL Mirin, etwas Zucker und Salz verrühren und daraus in einer kleinen Pfanne 4 dünne Omeletts ausbacken. Die Omeletts in dünne Streifen schneiden, auf 4 Suppenschälchen verteilen und die Brühe darübergießen.

Schicht-Sushi mit Avocado und Tofu

[ganz einfach]

FÜR 20 STÜCK:

1 EL Sesam
1/2 Avocado
Zitronensaft
1/2 Salatgurke
200 g Räuchertofu
Öl zum Einfetten
250 g vorbereiteter
Sushi-Reis (S. 6)
1 geröstetes Noriblatt
2 TL Wasabipaste

> Sesam in einer beschichteten Pfanne ohne Fett kurz anrösten. Avocado vom Kern befreien, schälen und das Fruchtfleisch in dünne Scheiben schneiden. Sofort mit etwas Zitronensaft beträufeln.

> Gurke waschen, trocken tupfen, halbieren, mit einem Löffel von den Kernen befreien und in dünne Scheiben schneiden. Tofu in 1/2 cm dicke Scheiben schneiden.

> Eine Form (ca. 15 cm x 20 cm) mit Öl einfetten und mit Frischhaltefolie auslegen. Nun Gurken- und Avocadoscheiben dicht nebeneinander auf dem Boden verteilen. Die halbe Reismenge gleichmäßig daraufsetzen und mit dem Sesam bestreuen.

> Das Noriblatt auf die Größe der Form zuschneiden und von einer Seite mit Wasabipaste bestreichen. Mit der bestrichenen Seite nach unten auf den Reis legen. Als Nächstes den Tofu einschichten und mit dem restlichen Reis bedecken.

> Die Form mit Frischhaltefolie abdecken, mit einem passenden Brett die Füllung gleichmäßig andrücken. Anschließend das Brett und die obere Frischhaltefolie entfernen. Die Form vorsichtig stürzen und die untere Folie behutsam abziehen.

> Schicht-Sushi mit einem in Essigwasser getauchten, scharfen Messer in ca. 20 gleichmäßige Stücke schneiden und zum Servieren auf einer Platte anrichten.

> Nährwerte pro Stück: 95 kcal, 398 kJ, 3 g EW, 6 g F, 10 g KH

Wie bei fast allen Sushi lassen sich auch hier die Zutaten beliebig variieren. Statt Gurken und Avocadoscheiben können Sie klein geschnittene Möhren oder blanchierte Zuckerschoten nehmen. Wer lieber Fisch mag, nimmt frisches Lachs- und Thunfischfilet. Auch fein geschnittene Surimistreifen lassen sich bestens schichten.

Beilagen zu Sushi

JUNGE KÜCHE

Scharfe Garnelensuppe [Abb.]

FÜR 4 PERSONEN:

1 rote Zwiebel
2 Knoblauchzehen
1 Stück Ingwer (5 cm)
1 frische rote Chilischote
1 große Möhre
je 1 gelbe und rote
Paprikaschote
½ Bd. Frühlingszwiebeln
2 Stängel Zitronengras
2 EL Rapsöl
250 g Biogarnelen
Sojasoße
500 ml Reisdrink (z. B. von
Alnatura)
Meersalz
Saft von ½ Zitrone

> Zwiebel schälen, vierteln und in feine Streifen schneiden. Knoblauch und Ingwer schälen und sehr fein hacken. Chilischote längs halbieren, von den Kernen befreien und fein würfeln.

> Möhre schälen und in dünne Scheiben schneiden. Paprikaschoten putzen, waschen und in kleine Rauten schneiden. Frühlingszwiebeln putzen, waschen und in feine Ringe schneiden. Zitronengras mehrfach knicken.

> Rapsöl in einem Topf erhitzen und Garnelen darin von allen Seiten anbraten. Zwiebeln, Knoblauch, Ingwer und Chili zufügen und mitbraten. Mit 2 EL Sojasoße ablöschen. Gemüse und Zitronengras zugeben und 5 Minuten mitdünsten.

> Mit dem Reisdrink auffüllen und aufkochen lassen. Suppe mit Salz, Sojasoße und Zitronensaft abschmecken. Vor dem Servieren das Zitronengras entfernen.

> Nährwerte pro Person:
184 kcal, 773 kJ, 14 g EW,
6 g F, 20 g KH

Reisnudelsuppe mit Spinat [einfach]

FÜR 4 PERSONEN:

200 g Reisnudeln
200 g Blattspinat
150 g Sojasprossen
2 Knoblauchzehen
1 EL Öl
4 EL Sojasoße
Salz
weißer Pfeffer
2 EL Korianderblätter,
gehackt

> Reisnudeln in eine Schüssel geben, mit kaltem Wasser übergießen und ca. 5 Minuten quellen lassen.

> Spinat waschen und harte Stiele entfernen. Sojasprossen in einem Sieb abspülen und abtropfen lassen. Knoblauch schälen und fein hacken.

> Öl in einem Topf erhitzen, Knoblauch darin kurz anbraten. 400 ml Wasser mit Sojasoße, Salz und Pfeffer dazugeben und aufkochen. Spinat und Sojasprossen in die Suppe geben und einmal aufkochen.

> Reisnudeln abgießen, mit der Schere einige Male durchschneiden und in den Topf geben. Suppe erneut aufkochen lassen und mit Koriander bestreuen.

> Nährwerte pro Person:
142 kcal, 596 kJ, 7 g EW,
5 g F, 18 g KH

Pfannkuchenröllchen [raffiniert]

FÜR 4 PERSONEN:

Für den Teig:
120 g Weizenvollkorn-
mehl
60 g Speisestärke
Salz
1 Eigelb
Für die Füllung:
8 große Shiitake-Pilze
1 Stange Lauch
(ca. 100 g)
200 g Sojasprossen
5 EL Öl zum Braten
6 EL helle Sojasoße
1 Eiweiß
Öl zum Frittieren

> Für den Teig das Mehl mit der Speisestärke, 1 Prise Salz, 300 ml kaltem Wasser sowie dem Eigelb in einer Schüssel glatt verrühren. Den Teig 20 Minuten ruhen lassen.

> Inzwischen für die Füllung die Pilze mit einem feuchten Tuch abreiben und fein hacken. Den Lauch waschen, putzen und mit dem Grün in feine Ringe schneiden. Die Sprossen kalt abspülen, abtropfen lassen und zerkleinern.

> Jeweils 1 EL Öl in einer beschichteten Pfanne (16 cm ø) erhitzen und aus dem Teig 4 Pfannkuchen backen. Dafür so viel Teig in die Pfanne geben, dass der Boden gerade eben bedeckt ist. Pfannkuchen bei mittlerer Hitze 1 Minute backen. Wenden und auf der Unterseite nur einige Sekunden backen. Herausnehmen und abkühlen lassen.

> Das übrige Öl in der Pfanne erhitzen. Pilze, Lauch, Sprossen darin bei starker Hitze unter Rühren 2 Minuten dünsten. Sojasoße unterrühren und die Mischung etwas einkochen lassen.

> Die Pfannkuchen mit dem Gemüse belegen, dabei rundherum den Rand frei lassen und ihn mit Eiweiß bestreichen. Die Pfannkuchen zur Mitte hin einschlagen und zu Päckchen formen. Dabei die Ränder fest andrücken.

> In einem hohen Topf oder einer Fritteuse Öl auf ca. 170 Grad erhitzen. Die Frühlingspäckchen darin 4 Minuten hellbraun ausbacken. Herausheben und auf Küchenpapier abtropfen lassen.

> Nährwerte pro Person:
395 kcal, 1650 kJ, 13 g EW,
19 g F, 38 g KH

Als Beilage zu Sushi passen auch prima marinierte Champignons mit Frühlingszwiebeln: 1 walnussgroßes Stück Ingwer schälen, in feine Scheiben schneiden und in eine Schüssel legen. Mit Eiswürfeln bedecken und ziehen lassen. 600 g junge Champignons mit Küchenpapier abreiben. 8 Frühlingszwiebeln putzen, waschen und in feine Röllchen schneiden. In einer Schüssel 70 ml Reisessig, 70 ml japanische Sojasoße und 2 EL Mirin mit etwas Salz verrühren. Champignons und Frühlingszwiebeln zugeben, vermischen und ca. 20 Minuten ziehen lassen. Anschließend in einem Sieb zusammen mit dem Ingwer abtropfen lassen und zu Sushi reichen.

Reisnudelsalat [Abb.]

FÜR 4 PERSONEN:

125 g Reisnudeln
4 EL Frühlingszwiebeln
150 g Cocktailgarnelen
oder Shrimps
4 EL helle Sojasoße
2 EL Nam-Pla-Fischsoße
(z. B. von Bamboo Garden)
½ TL Sambal Oelek
1 TL Zitronengras (Glas)
½–1 TL Koriandergrün
(Glas)
3–4 EL Korianderblättchen,
fein gehackt
8 Cocktailtomaten,
halbiert

> Reisnudeln nach Packungsanweisung zubereiten, danach kalt abbrausen und mehrmals mit der Küchenschere durchschneiden.

> Frühlingszwiebeln putzen und waschen, den weißen Teil ganz klein würfeln und den grünen in Ringe schneiden. Garnelen waschen, abtropfen lassen und trocken tupfen.

> Aus Sojasoße, Fischsoße, Sambal Oelek, Zitronengras und Koriandergrün eine Marinade rühren und die vorbereiteten Zutaten darin vermengen. Das Ganze mindestens 5 Minuten ziehen lassen.

> Den Reisnudelsalat in Schälchen dekorativ anrichten, mit Korianderblättchen und Cocktailtomaten garniert servieren.

> Nährwerte pro Person:
119 kcal, 498 kJ, 11 g EW,
2 g F, 14 g KH

Misosuppe mit Gemüse [ein Klassiker]

FÜR 4 PERSONEN:

40 g getrocknete
Shiitake-Pilze
1 Bd. Frühlingszwiebeln
1 Möhre
150 g Gemüse nach Wahl
(z. B. Mangold, Spinat,
Bambus- oder
Sojabohnensprossen)
1 EL Öl
1 l Gemüsebrühe
200 g Tofu
1–2 EL Miso
½ Bd. Schnittlauch

> Pilze 30 Minuten in kaltem Wasser einweichen. Unter fließendem Wasser abbrausen, Stiele entfernen und Pilze in feine Streifen schneiden.

> Frühlingszwiebeln putzen und in feine Ringe schneiden. Möhre schälen und in dünne Streifen schneiden. Restliches Gemüse putzen und mundgerecht zerteilen.

> Öl erhitzen und vorbereitetes Gemüse darin anbraten, mit heißer Gemüsebrühe aufgießen und ca. 10 Minuten köcheln lassen.

> Tofu gut abtropfen lassen, in Würfel schneiden und in die Suppe geben. Miso unter die Suppe rühren und vor dem Servieren mit Schnittlauchröllchen bestreuen.

> Nährwerte pro Person:
139 kcal, 582 kJ, 8 g EW,
7 g F, 10 g KH

Miso wird auch »braune Paste Japans« genannt. Sie besteht hauptsächlich aus Sojabohnen, Getreide und Salz.

Gurken-Sesam-Salat [Abb.]

> Sesam in einer Pfanne ohne Fett bei mittlerer Hitze goldbraun rösten und abkühlen lassen. Mit etwas Meersalz in einem Mörser leicht zerstoßen.

> Gurken waschen, trocken tupfen und längs in feine Scheiben schneiden.

> Für das Dressing Koriander und Thai-Basilikum waschen, trocken schütteln grob hacken. Knoblauch schälen, fein hacken. Chilischote waschen, längs aufschneiden, von Kernen befreien und fein würfeln.

> Koriander, Basilikum, Chili und Knoblauch in einer Schüssel mit Limettensaft, Sojasoße, Zucker, Raps- und Sesamöl zu einem Dressing verrühren.

> Gurken mit dem Dressing mischen und mit dem gerösteten Sesam bestreut servieren.

> Nährwerte pro Person: 168 kcal, 691 kJ, 2 g EW, 17 g F, 3 g KH

FÜR 4 PERSONEN:

100 g Sesam
Meersalz
2 Gurken
½ Bd. Koriander
½ Bd. Thai-Basilikum
1 Knoblauchzehe
1 Chilischote
Saft von 1 Limette
2–3 EL Sojasoße
(z. B. von Alnatura)
½ TL Rohrohrzucker
6 EL Rapsöl
2 EL Sesamöl

Seafood-Gemüse-Tempura [gehört einfach dazu]

> Gemüse putzen, waschen, ggf. schälen und in mundgerechte Stücke schneiden. Von den Pilzen nur die harten Stiele entfernen. Backofen auf 80 Grad vorheizen.

> Tintenfischringe in einem Sieb auftauen lassen. Garnelen schälen, am Rücken entlang einschneiden und den dunklen Darmfaden entfernen. Die Garnelen waschen und trocken tupfen.

> Ei mit 200 ml eiskaltem Wasser gut verquirlen, Mehl zufügen und nur kurz unterrühren.

> Das Öl in einem Topf auf ca. 170 Grad erhitzen. Garnelen, Tin-

tenfisch und Gemüse nacheinander durch den Teig ziehen, abtropfen lassen und schwimmend im heißen Fett hellgelb frittieren. Mit einem Schaumlöffel herausnehmen und auf Küchenpapier abtropfen lassen. Im Backofen warm halten, bis alles ausgebacken ist.

> Für den Dip Fischfond, Mirin und Sojasoße verrühren, in einem Topf leicht erwärmen und auf 4 Schälchen verteilen. Je 1 TL Gari hineingeben und mit dem Tempura servieren.

> Nährwerte pro Person: 332 kcal, 1390 kJ, 19 g EW, 17 g F, 28 g KH

FÜR 4 PERSONEN:

60 g Lauch
60 g Möhren
1 Zucchini
100 g Shiitake-Pilze
150 g TK-Tintenfischringe
8 Garnelen
1 Ei
125 g Mehl
1 l Öl zum Frittieren
200 ml Fischfond (Glas)
4 EL Mirin
5 EL Sojasoße
4 TL Gari

JUNGE KÜCHE

Orangen-Möhren-Salat [Abb.]

FÜR 4 PERSONEN:

8 Möhren
3 Orangen
4 Frühlingszwiebeln
4 EL Orangensaft
2 EL Speiseöl
3 EL brauner Zucker
100 g Kürbiskerne
6 EL Sojasoße (z. B. von Kikkoman)
3 EL Gemüsebrühe
2 EL heller Balsamico-Essig
½ TL Senf
½ TL Zucker
½ Bd. Schnittlauch
Orangenscheiben zum Garnieren

> Möhren waschen, schälen und grob raspeln. Orangen schälen, filetieren und das Fruchtfleisch in kleine Würfel schneiden. Frühlingszwiebeln putzen, waschen und in Ringe schneiden. Die genannten Zutaten in einer Schüssel mischen und mit 2 EL Orangensaft und Öl vermengen.

> Braunen Zucker in einer Pfanne leicht erhitzen, Kürbiskerne unter Rühren darin karamellisieren lassen und mit 2 EL Sojasoße ablöschen. Aus restlicher Sojasoße, restlichem Orangensaft, Brühe, Essig, Senf und Zucker ein Dressing herstellen.

> Schnittlauch waschen, trocken schütteln, in Ringe schneiden und unterrühren. Dressing unterheben. Kürbiskrokant in kleine Stücke brechen. Salat auf Tellern anrichten mit Kürbiskrokant bestreut servieren. Nach Wunsch mit Orangenscheiben garnieren.

> Nährwerte pro Person:
275 kcal, 1152 kJ, 9 g EW, 18 g F, 18 g KH

Japanischer Rettichsalat [knackig frisch]

FÜR 4 PERSONEN:

250 g Weißkohl
1 große Möhre
1 großer weißer Rettich
1 TL Wasabipulver
2 sehr frische Eigelb
1 Prise Salz
2 EL Reisweinessig
1 TL Speisestärke
1 TL Zucker

> Weißkohl von den äußeren Blättern befreien, waschen und in feine Streifen hobeln. Möhre schälen und in feine Stifte schneiden oder hobeln.

> Rettich schälen, waschen und raspeln. Zutaten mit kaltem Wasser begießen und mit Eiswürfeln bedecken. Das Gemüse ca. 30 Minuten im Eiswasser liegen lassen.

> Das Wasabipulver, Eigelb, Salz, Reisweinessig, Speisestärke, Zucker und 1 ½ l Wasser in einer Schüssel mit dem Handrührgerät cremig schlagen.

> Gemüse aus dem Eiswasser nehmen, gut abtropfen lassen und auf 4 Teller verteilen. Salatsoße löffelweise darüberträufeln.

> Nährwerte pro Person:
91 kcal, 380 kJ, 3 g EW, 3 g F, 10 g KH

Marinierte Tofuscheiben [Abb.]

FÜR 4 PERSONEN:

2 EL Sesam
300 g Tofu
2 kleine Gurken
(ca. 300 g)
2 Frühlingszwiebeln
2 EL Limetten- oder
Zitronensaft
3 EL Sojasoße
1 Prise brauner
Rohrzucker
Pfeffer aus der Mühle
1 EL Sesamöl
1 EL Erdnussöl
frischer Ingwer (1 cm)
½ Bd. Koriandergrün

> Sesam in einer Pfanne ohne Fett bei mittlerer Hitze goldbraun rösten. Aus der Pfanne nehmen und zum Abkühlen beiseitestellen.

> Tofu kurz kalt abspülen. Dann trocken tupfen und in ca. ½ cm dicke Scheiben schneiden. Die Gurken putzen, waschen und ungeschält schräg in dünne Scheiben schneiden. Frühlingszwiebeln waschen, putzen und in dünne Ringe schneiden.

> Für die Marinade Limetten- oder Zitronensaft, Sojasoße, Zucker, Pfeffer, Sesam- und Erdnussöl gründlich verrühren. Den Ingwer schälen, fein reiben und untermischen.

> Eine große Platte oder 4 Teller mit einem Teil der Marinade bestreichen. Tofu- und Gurkenscheiben dachziegelartig darauf anrichten. Mit der übrigen Marinade beträufeln. Die Frühlingszwiebelringe und den Sesam darüberstreuen.

> Koriander waschen und trocken schütteln. Die Blätter abzupfen und den Tofu damit garnieren.

> Nährwerte pro Person:
250 kcal, 1040 kJ, 15 g EW, 18 g F, 6 g KH

Statt des gewöhnlichen Tofu können Sie auch Kräutertofu oder Sojabohnenquark mit Raucharoma verwenden. Sie bekommen beides im Naturkostladen oder im Reformhaus.

Tofuwürfel in Sesampanade [ganz einfach]

FÜR 4 PERSONEN:

300 g Tofu
2 Eier
3 EL Mehl
100 g flüssiger Honig
3 EL Sesam
5 EL Öl
2 EL Frühlingszwiebeln, gehackt

> Tofu in ca. 2 cm dicke Würfel schneiden. Eier verquirlen. Tofuwürfel nacheinander in Mehl, Ei, Honig und Sesam wenden, leicht andrücken.

> Öl in einer beschichteten Pfanne erhitzen und die Tofuwürfel darin bei schwacher Hitze goldbraun ausbacken.

> Die Tofuwürfel auskühlen lassen und mit Frühlingszwiebeln garniert servieren.

> Nährwerte pro Person:
309 kcal, 1632 kJ, 12 g EW, 24 g F, 32 g KH

Minispieße mit Gemüse, Fisch und Meeresfrüchten [edel]

FÜR 4 PERSONEN:

80 ml Sojasoße
80 ml Weißwein
1 EL Ingwer, frisch gerieben
4 Shiitake-Pilze
50 g Aubergine
8 geschälte Garnelen
200 g Seezungenfilet
1 geröstetes Noriblatt
8 Jakobsmuscheln
3 EL Pflanzenöl
4 Chilischoten

> Backofen auf 250 Grad vorheizen. Sojasoße, Weißwein und Ingwer in einem kleinen Topf einmal aufkochen und anschließend beiseitestellen.

> Von den Pilzen die harten Stiele abschneiden. Aubergine waschen, trocken tupfen und in Scheiben schneiden.

> Garnelen waschen, trocken tupfen und je 2 Stück auf einen Holzspieß stecken. Im Backofen ca. 5 Minuten grillen.

> Seezungenfilet kalt abspülen, trocken tupfen und wie das Noriblatt in ca. 1 cm breite und 10 cm lange Stücke schneiden.

> Jakobsmuscheln mit je 1 Streifen Noriblatt und Seezunge umwickeln und je 2 Stück auf einen Holzspieß stecken.

> In einer beschichteten Pfanne 2 EL Öl erhitzen und die Jakobsmuschelspieße darin beidseitig braten. Die Hälfte der Ingwer-Sojasoße in die Pfanne geben und kurz einkochen lassen.

> Je 1 Shiitake-Pilz, 1 Auberginenscheibe und 1 Chilischote abwechselnd auf einen Holzspieß stecken.

> In einer zweiten Pfanne 1 EL Öl erhitzen und die Gemüsespieße darin von beiden Seiten anbraten. Die restliche Ingwer-Sojasoße in die Pfanne geben und ebenfalls kurz einkochen lassen.

> Alle Spieße auf einer Platte anrichten und kalt oder warm servieren.

> Nährwerte pro Person:
221 kcal, 925 kJ, 21 g EW,
12 g F, 5 g KH

Süße Sushi

Früchte-Sushi mit Sesam-Honig-Dip

[verführerisch]

FÜR 18 STÜCK:

1 Stiel Zitronengras
1 kleines Stück Ingwer
(ca. 2 cm)
200 g Milchreis
400 ml Kokosmilch
50 g Palmzucker
2 Sternanis
100 g Marzipanrohmasse
grüne Lebensmittelfarbe
Puderzucker
30 g Sesam
100 g Honig
Saft von 2 Limetten
1 Mango
1 Papaya
1 Kiwi

> Zitronengras putzen und waschen. Ingwer schälen und in Scheiben schneiden. Beides in einem Topf mit Milchreis, Kokosmilch, Palmzucker und Sternanis 20 Minuten bei sehr schwacher Hitze köcheln lassen.

> Anschließend den Topf vom Herd nehmen und mit einem Küchentuch abdecken; noch ca. 15 Minuten quellen lassen, dabei gelegentlich umrühren. Ingwer, Sternanis und Zitronengras entfernen und den Reis anschließend im Kühlschrank 30 Minuten abkühlen lassen.

> Marzipan mit ein wenig Lebensmittelfarbe verkneten und mit Puderzucker bestäubt zwischen 2 Lagen Frischhaltefolie 1–1 ½ mm dick ausrollen. Die Folie abziehen und Marzipan in 1 cm breite Streifen schneiden.

> Für den Dip Sesam in einer beschichteten Pfanne ohne Fett anrösten. In einer Schale Honig, Sesam und Limettensaft gründlich verrühren.

> Hände mit etwas Wasser anfeuchten und den Reis zu ovalen Bällchen formen. Früchte schälen und das Fruchtfleisch in feine Scheiben schneiden. Die Reisbällchen damit belegen. Mit je einem Marzipanstreifen umwickeln und mit dem Sesam-Honig-Dip servieren.

> Nährwerte pro Stück:
123 kcal, 515 kJ, 2 g EW, 4 g F, 20 g KH

Und dazu? Ein Mango-Papaya-Lassi: dafür 1 reife Papaya halbieren, die Kerne mit einem Löffel herauskratzen, Fruchtfleisch schälen und bis auf 4 Spalten in Würfel schneiden. 1 reife Mango schälen, Fruchtfleisch in Spalten schneiden und würfeln. Mango- und Papayawürfel zusammen mit 2 EL Zitronensaft, dem Mark einer ½ Vanilleschote, 2 TL flüssigem Honig und ⅜ l Buttermilch im Mixer kräftig pürieren. In Gläser füllen und mit Papayaspalten garniert servieren. Nach Wunsch Eiswürfel dazugeben.

Süße Maki mit Marzipan und Melone

[fruchtig]

FÜR 12 STÜCK:

1 EL Olivenöl
100 g Risottoreis
200 ml Milch
70 g weiße Schokolade
50 g Marzipanrohmasse
50 g Puderzucker
grüne Lebensmittelfarbe
1/2 Zuckermelone
2 EL kandierte Orangenschale
Saft von 1 Orange

> Olivenöl in einem Topf erhitzen, Reis hinzufügen und kurz unter Rühren anrösten. Hitze herunter-schalten, Milch angießen und den Reis in ca. 30 Minuten langsam weich kochen, dabei immer wieder umrühren.

> Schokolade fein hacken und unter den warmen Milchreis rühren. Anschließend den Topf vom Herd nehmen und abkühlen lassen.

> Marzipanrohmasse mit gesieb-tem Puderzucker und ein wenig grüner Lebensmittelfarbe ver-kneten. Masse auf ca. 25 cm x 9 cm ausrollen und auf Frisch-haltefolie legen.

> Melone schälen, entkernen und das Fruchtfleisch in ca. 7 mm x 7 mm dicke Stäbchen schneiden.

> Reis gleichmäßig auf der Marzipan-platte verteilen und festdrücken, dabei an den Längsseiten einen ca. 1 cm breiten Rand frei lassen.

> Melonenstifte mittig auflegen, Marzipanplatte von der Längsseite her mithilfe der Folie zu einer Sushi-Rolle formen. Anschließend für ca. 2 Stunden in den Kühl-schrank stellen.

> Die Sushi-Rolle aus der Folie wickeln und mit einem scharfen Messer in 12 Stücke schneiden.

> Kandierte Orangenschale in feine Streifen schneiden und mit Orangensaft vermischen. In ein Schälchen füllen und zu den süßen Maki reichen.

> Nährwerte pro Stück.
128 kcal, 536 kJ, 2 g EW, 5 g F, 19 g KH

Zum Dippen passt auch eine Orangensoße: Dafür 1/4 l frisch gepressten Oran-gensaft mit 80 g Zucker in einem Topf aufkochen und etwas reduzieren lassen. 40 ml Orangenlikör zufügen und erwärmen lassen. 1 Orange so schälen, dass auch die weiße Haut mit entfernt wird. Danach die Filets herausschneiden, halbieren und zur Soße geben. Topf vom Herd nehmen und die Orangensoße abgekühlt zu den süßen Sushi reichen.

Milchreis-Nigiri mit Kiwisoße

[die Kombination macht's]

FÜR 18 STÜCK:

1 Stiel Zitronengras
1 kleines Stück Ingwer
(ca. 2 cm)
200 g Milchreis
400 ml Kokosmilch
50 g Palmzucker
2 Sternanis
1 Stange Rhabarber
1–2 EL Kristallzucker
6 Kiwis
2 EL Puderzucker
Saft von 1 Limette

> Zitronengras putzen und waschen. Ingwer schälen und in feine Scheiben schneiden. Beides in einem Topf mit Milchreis, Kokosmilch, Palmzucker und Sternanis 20 Minuten bei sehr schwacher Hitze köcheln lassen.

> Anschließend den Topf vom Herd nehmen, mit einem Küchentuch abdecken und noch ca. 15 Minuten quellen lassen, dabei gelegentlich umrühren. Sternanis, Ingwer und Zitronengras entfernen. Danach den Reis im Kühlschrank 30 Minuten erkalten lassen, dabei ab und zu umrühren.

> In der Zwischenzeit den Rhabarber waschen, schälen und quer halbieren. Mit dem Sparschäler der Länge nach in hauchdünne Streifen schneiden.

> In einem Topf 300 ml Wasser zusammen mit dem Kristallzucker zum Kochen bringen und die Rhabarberstreifen darin 2–3 Minuten blanchieren. Auf Küchenpapier nebeneinander abtropfen lassen.

> Kiwis schälen. 4 Kiwis in kleine Stücke schneiden und zusammen mit dem Puderzucker mit dem Pürierstab mixen. Durch ein Sieb streichen und mit dem Limettensaft verrühren.

> Mit den Händen aus dem Reis ovale Klößchen formen. Die 2 restlichen Kiwis der Länge nach in dünne Spalten schneiden. Jeweils eine Kiwispalte auf jedes Reisklößchen setzen und mit einem Rhabarberstreifen umwickeln. Mit der Kiwisoße servieren.

> Nährwerte pro Stück:
54 kcal, 226 kJ, 1 g EW,
1 g F, 10 g KH

Servieren Sie dazu einen Papaya-Joghurt-Drink mit Sesam-Honig-Krokant! 50 g Zucker in einer kleinen Pfanne hell karamellisieren. 50 g Sesam, 1 TL Honig und 1 TL Butter hinzugeben, kurz verrühren. Die Masse auf Backpapier verstreichen und abkühlen lassen. Sobald der Krokant fest geworden ist, in kleine Stücke brechen. 1 große Papaya halbieren und die Kerne entfernen. Fruchtfleisch aus der Schale lösen, die Hälfte in kleine Würfel schneiden, die andere Hälfte zusammen mit 400 g Joghurt und 1/2 l Maracujasaft im Mixer pürieren. Nach Bedarf mit etwas Zucker süßen. Drink in Gläser füllen, mit Sesamkrokant und Papayawürfeln bestreuen.

Blue-Maki mit Weintrauben [ein Hit für Kids]

> Kokosmilch, Milchreis und Palmzucker in einem Topf einmal aufkochen und bei sehr schwacher Hitze ca. 20 Minuten weich garen. Dabei ab und zu umrühren, damit der Reis nicht anbrennt.

> Topf vom Herd nehmen, mit einem Küchentuch bedecken und ca. 15 Minuten quellen lassen. Gelegentlich umrühren. Anschließend den Reis im Kühlschrank 30 Minuten vollständig abkühlen lassen.

> Marzipan mit etwas Lebensmittelfarbe verkneten und mit Puderzucker bestäubt zwischen 2 Lagen Frischhaltefolie zu einem ca. 1 mm dicken Rechteck ausrollen. Die

Folie abziehen und Marzipan in 4 cm x10 cm große Rechtecke schneiden.

> Hände mit etwas Wasser anfeuchten und den Reis zu ovalen Bällchen formen. Um jedes Reisbällchen einen Marzipanstreifen wickeln und dessen Ende mit 2–3 Reiskörnern festkleben. Den Reis behutsam etwas flach drücken.

> Trauben waschen, mit Küchenpapier trocken tupfen, in kleine Stücke schneiden und auf die Sushi setzen.

> Nährwerte pro Stück: 90 kcal, 377 kJ, 2 g EW, 4 g F, 11 g KH

FÜR 12 STÜCK:

400 ml Kokosmilch
200 g Milchreis
50 g Palmzucker
200 g Marzipanrohmasse
blaue Lebensmittelfarbe
Puderzucker
5–6 helle und blaue
Weintrauben

Die Trauben können Sie nach Belieben durch anderes Obst ersetzen, z. B. mit frischen Erdbeeren, Himbeeren oder mit Bananenscheiben.

Servieren Sie dazu eine Marzipansoße: 4 EL gehackte Mandeln in einer beschichteten Pfanne ohne Fett anrösten. 80 g Marzipanrohmasse in kleine Stücke schneiden und zusammen mit 200 g Sahne in einen Topf geben. Das Ganze unter Rühren erhitzen. 2 cl Mandellikör und die gerösteten Mandeln zufügen und gut verrühren. Die Soße vom Herd nehmen und abkühlen lassen. Nach Wunsch die kalte Soße mit etwas Milch verdünnen. Für Kinder den Mandellikör einfach weglassen.

Süße Nigiri mit Obst und Kokosraspeln

[himmlisch]

FÜR 18 STÜCK:

400 ml Kokosmilch
400 ml Reisdrink
(z. B. von Alnatura)
4–5 EL Rohrohrzucker
1 Päckchen Bourbon-
Vanillezucker
1 Prise Salz
200 g Milchreis
100 g Kokosraspel
1 Kiwi
1/2 Papaya
1 Sternfrucht
Saft von 1/2 Limette

> Kokosmilch, Reisdrink, Rohrohr-zucker, Vanillezucker, Salz und Milchreis in einen Topf geben und aufkochen lassen.

> Den Milchreis bei schwacher Hitze 30 Minuten garen, dabei ab und zu umrühren, damit der Reis nicht anbrennt. Anschließend den Topf vom Herd nehmen und ab-kühlen lassen.

> Kokosraspel in einer beschichte-ten Pfanne bei mittlerer Hitze ohne Fett goldbraun rösten und danach abkühlen lassen.

> Obst waschen, gegebenenfalls schälen und in mundgerechte Stücke oder Scheiben schneiden. Mit Limettensaft beträufeln.

> Reis mit 2 Esslöffeln zu Nocken formen. In Kokosraspeln wälzen, mit Obst belegen und auf einer Platte anrichten.

> Nährwerte pro Stück:
93 kcal, 389 kJ, 1 g EW,
5 g F, 12 g KH

Dazu schmeckt Mangosoße: 1 reife Mango schälen, Fruchtfleisch vom Kern und dann in kleine Würfel schneiden. 40 g Zucker in einem Topf bei mittlerer Hitze unter Rühren karamellisieren lassen, dann mit 100 ml Weißwein ablö-schen. 1/2 Vanilleschote längs aufschneiden und mit einem Messer das Mark herauskratzen. Vanillemark samt Schote und Mangowürfel zur Zuckermischung geben. Das Ganze ca. 15 Minuten kochen lassen, bis die Mangowürfel weich sind. Mit dem Saft von 1 Zitrone abschmecken. Vanilleschote entfernen, die Soße fein pürieren und nach Wunsch durch ein Sieb passieren.

Sushi

JUNGE KÜCHE

Milchreis-Nigiri mit Rhabarber und Pistazien [macht süchtig]

FÜR 12 STÜCK:

1 Vanilleschote
½ l Milch
1 Zimtstange
1 kleines Stück
Zitronenschale
(unbehandelt)
150 g Milchreis
300 g Rhabarber
3 EL Zucker
50 ml trockener Weißwein
50 g Pistazien

> Vanilleschote längs aufschlitzen und das Mark mit einem Messer herausschaben. Schote und Mark mit Milch, Zimtstange und Zitronenschale aufkochen.

> Milchreis zufügen und bei kleinster Hitze ca. 30 Minuten ausquellen lassen, dabei immer wieder umrühren. Vanilleschote entfernen und den Reis anschließend abkühlen lassen, dabei gelegentlich umrühren.

> Rhabarber waschen, putzen, schälen, in 5 cm lange schmale Streifen schneiden. In einen Topf geben und mit Zucker und Wein kurz weich dünsten. Anschließend im Sud erkalten lassen.

> Den Milchreis mit 2 Esslöffeln zu länglichen Nocken abstechen und mit den Rhabarberstreifen belegen. Pistazien fein hacken und die Nigiri mit Pistazien bestreut servieren.

> Nährwerte pro Stück:
90 kcal, 377 kJ, 3 g EW,
4 g F, 10 g KH

Wie wär's dazu mit einem Rhabarberkompott?
500 g Rhabarber putzen, jedoch nicht schälen. Stangen waschen, trocken tupfen, in ca. 2 cm lange Stücke schneiden und mit 100 g Zucker bestreuen. Den Rhabarber Saft ziehen lassen, dann 1 Päckchen Bourbon-Vanillezucker hinzufügen. Rhabarber mit dem Saft in einen Topf geben und bei geringer Hitze unter Rühren weich dünsten. Abkühlen lassen und zu den süßen Sushi servieren.

Inside-out-Rolle mit Möhrenraspeln und Apfelstiften [dekorativ]

FÜR 18 STÜCK:

1 Vanilleschote
1 Orange (unbehandelt)
1 Zitrone (unbehandelt)
3/4 l Milch
250 g Sushi-Reis
100 g Zucker
1 Möhre
1 TL Zucker zum Bestreuen
2 süße Äpfel
2 geröstete Noriblätter

> Vanilleschote längs halbieren und mit einem scharfen Messer das Mark herauslösen. Orange und Zitrone heiß waschen, trocken wischen und die Schale fein abreiben. Zitrone auspressen.

> Milch und Reis in einem Topf einmal aufkochen. Zucker, Vanilleschote und -mark, Orangen- und Zitronenschale zufügen und den Reis bei sehr schwacher Hitze abgedeckt ca. 30 Minuten quellen lassen, dabei ab und zu umrühren. Den Reis auf ein breites Blech streichen und abkühlen lassen.

> Möhre schälen, fein raspeln, mit Zucker bestreuen und mit etwas Zitronensaft beträufeln. Äpfel schälen, halbieren und vom Kerngehäuse befreien. Das Fruchtfleisch in gleichmäßige längliche Stifte schneiden und ebenfalls mit etwas Zitronensaft säuern.

> Bambusmatte mit Frischhaltefolie belegen. Hände mit Wasser befeuchten und die Hälfte vom Reis gleichmäßig auf der Matte verteilen. Ein Noriblatt darauflegen und in der Mitte der Länge nach die Hälfte der Apfelstifte verteilen.

> Nun die Bambusmatte vorsichtig aufrollen, dabei den Reis von der Folie lösen. Die Reisrolle in den Möhrenraspeln wälzen und mit einem sehr scharfen Messer in Maki schneiden. Auf diese Weise die zweite Rolle zubereiten.

> Nährwerte pro Stück:
133 kcal, 557 kJ, 4 g EW, 3 g F, 22 g KH

Zum Dippen passt Ahornsirup.

Und zum Trinken? Ein Apfel-Möhren-Eisdrink: 1/2 l kalten, naturtrüben Apfelsaft, 200 ml kalten Möhrensaft, den Saft von 1 Limette, 3 TL Ahornsirup, 4 Kugeln Ananaseis gut durchmixen und auf 4 Gläser verteilen. Nach Wunsch mit Zitronenscheiben und Melisse garnieren.

Bild- und Textquellen:

Titelbild vorne: StockFood; hinten von links nach rechts: StockFood, Theodor Kattus GmbH/Bamboo Garden, Alnatura
Inhalt: Alnatura: 53, 58, 65, 75; Kikkoman Trading Europe GmbH: 37, 61; Martina Urban/Südwest Verlag: 63; mauritius-images: 11, 33; Oryza: 6; Rainer Hofmann/Südwest Verlag: 55; StockFood: 5, 7 (4x), 13, 17, 21, 25, 27, 29, 30, 41, 42, 43 (2x), 45, 47, 67, 69, 71, 72, 77; The Food Professionals Köhnen GmbH: 9, 14, 23; Theodor Kattus GmbH/Bamboo Garden: 19, 35, 39, 49, 51, 57